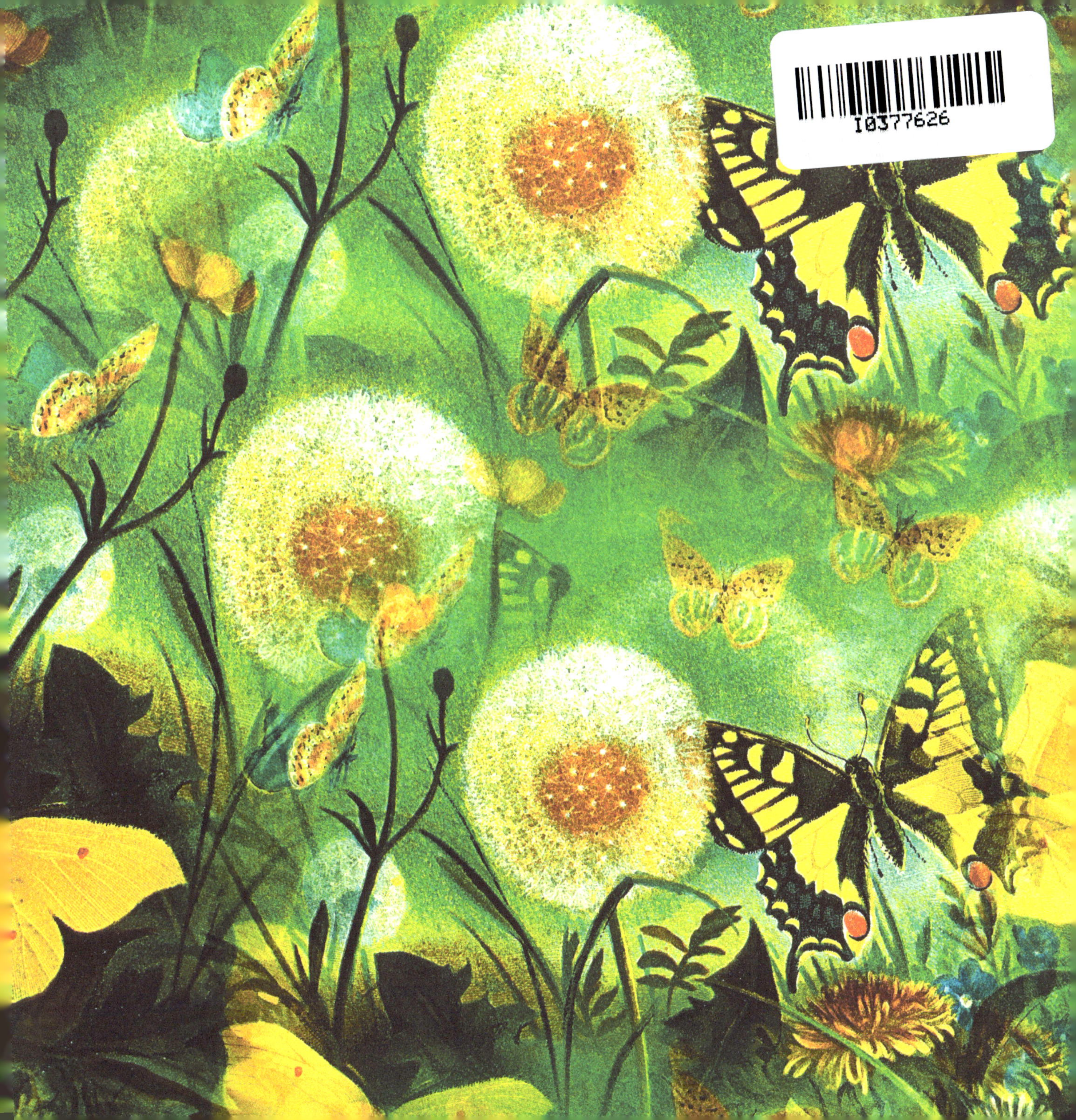

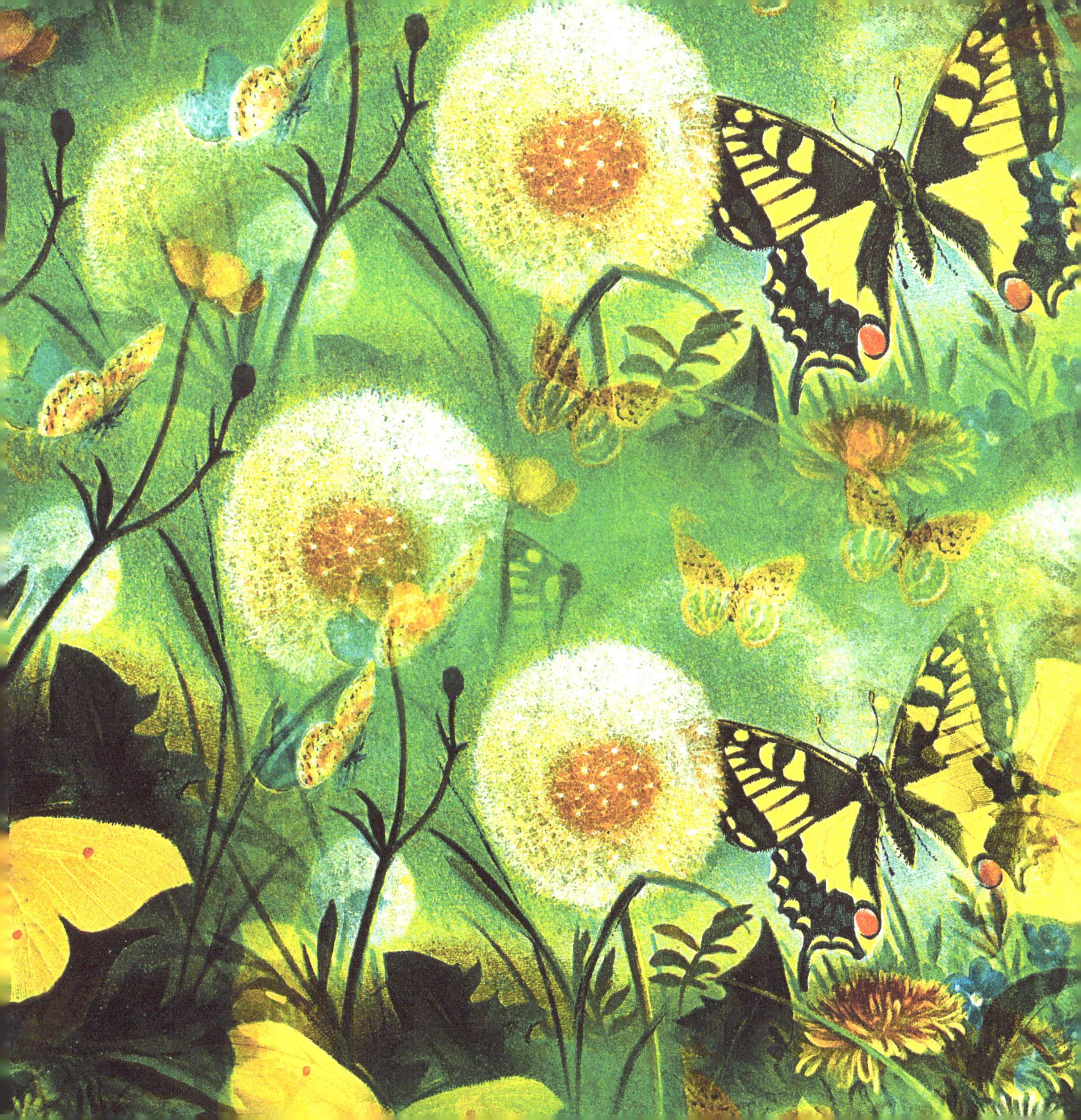

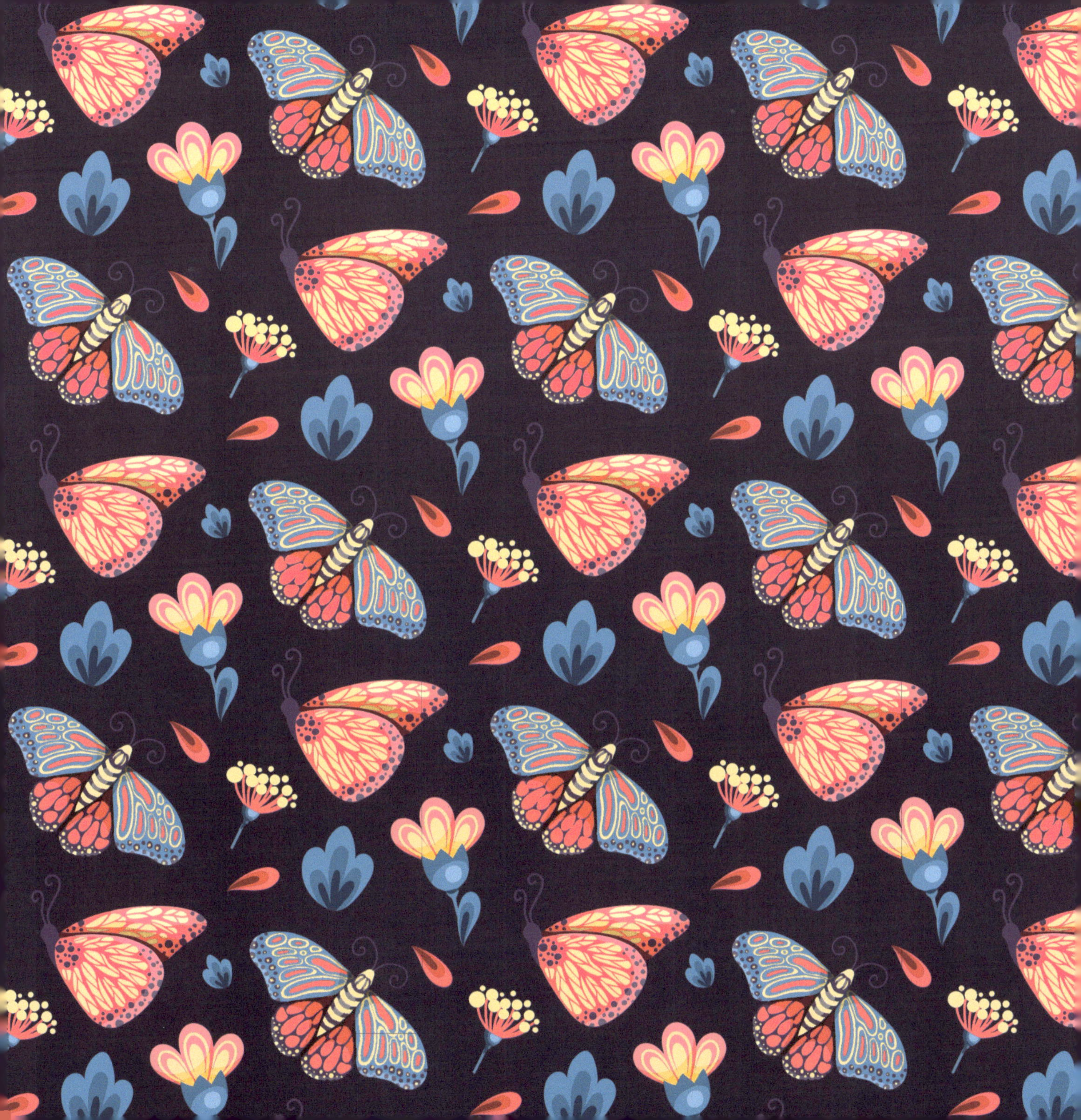

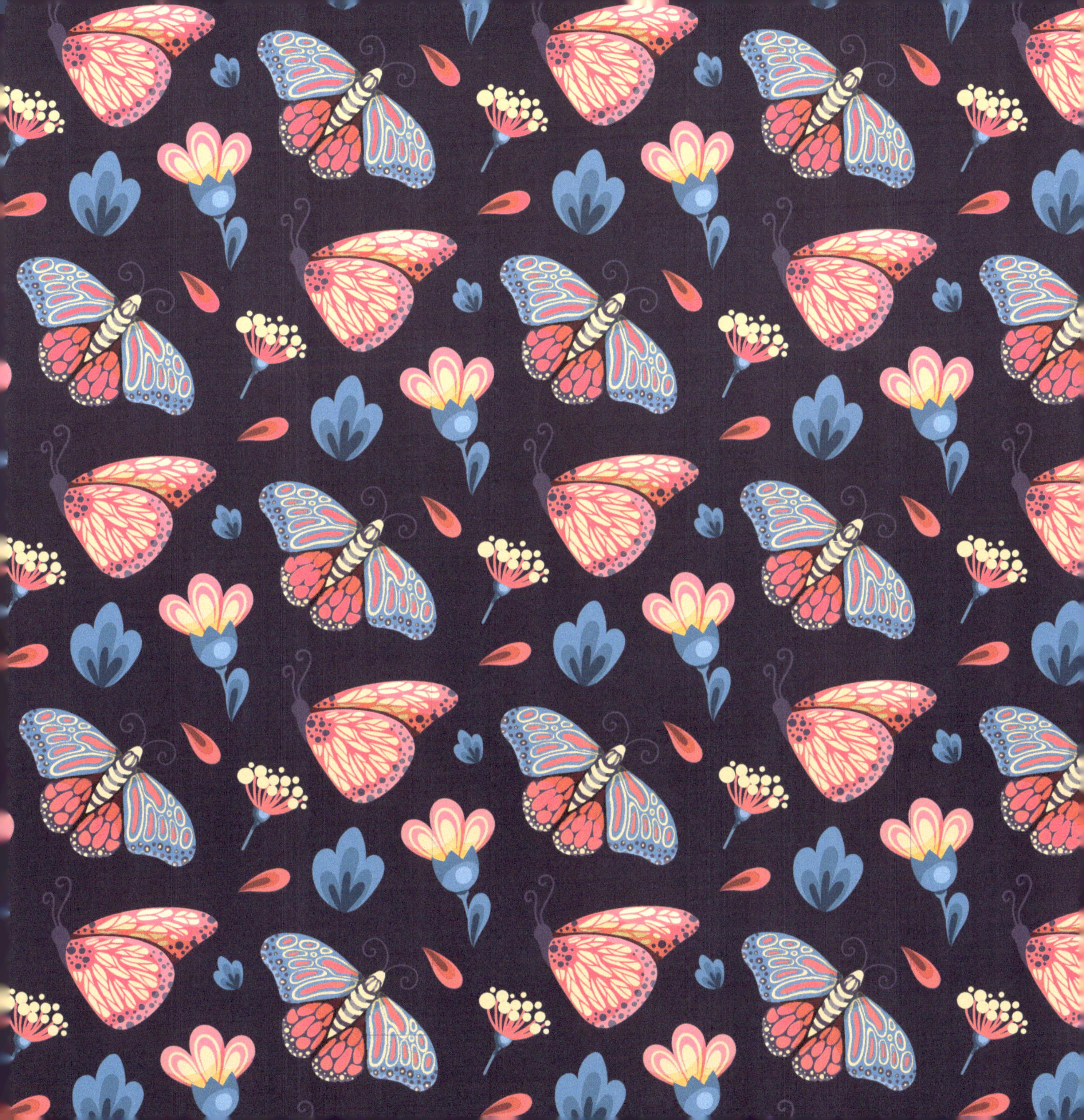

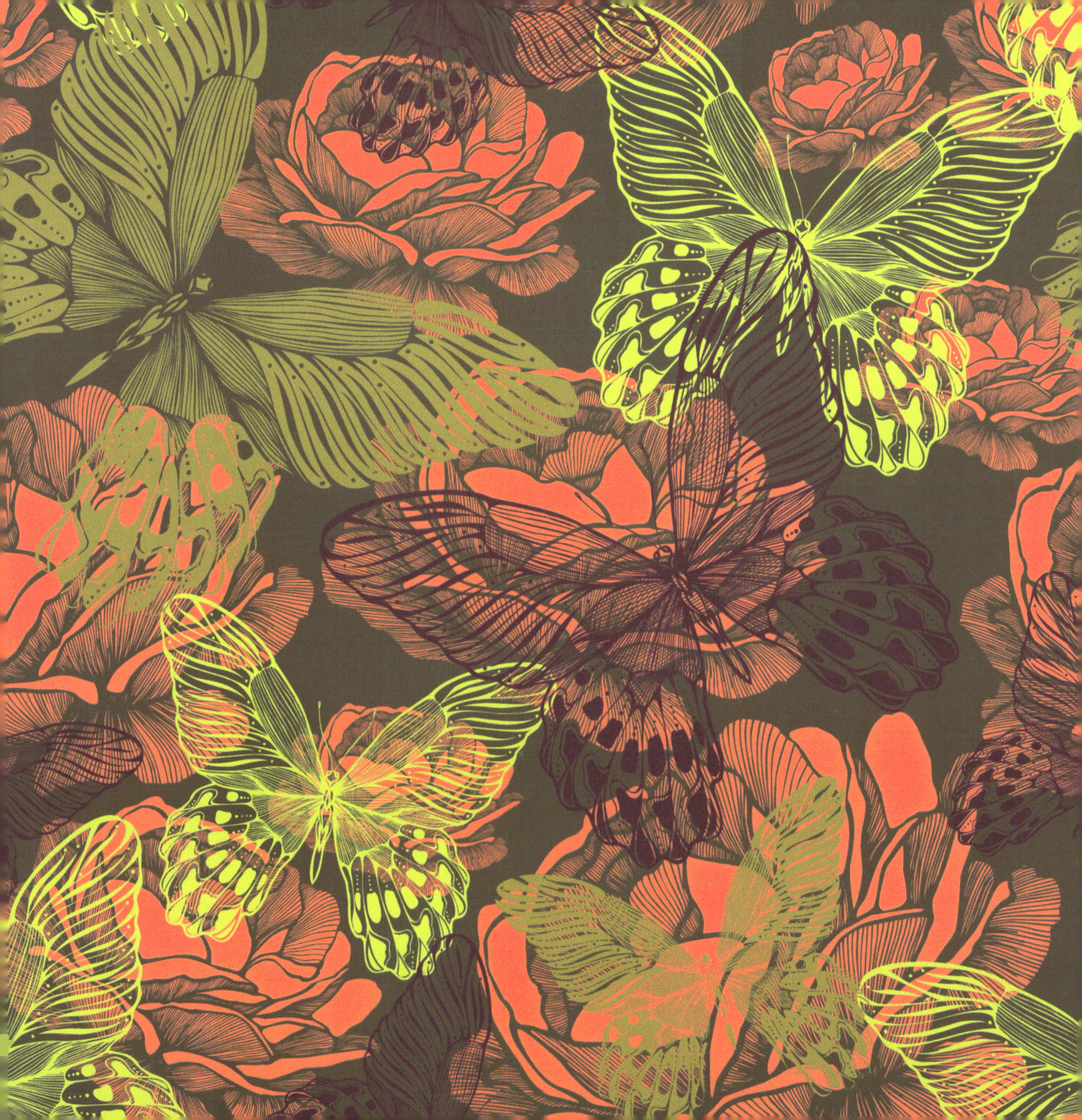

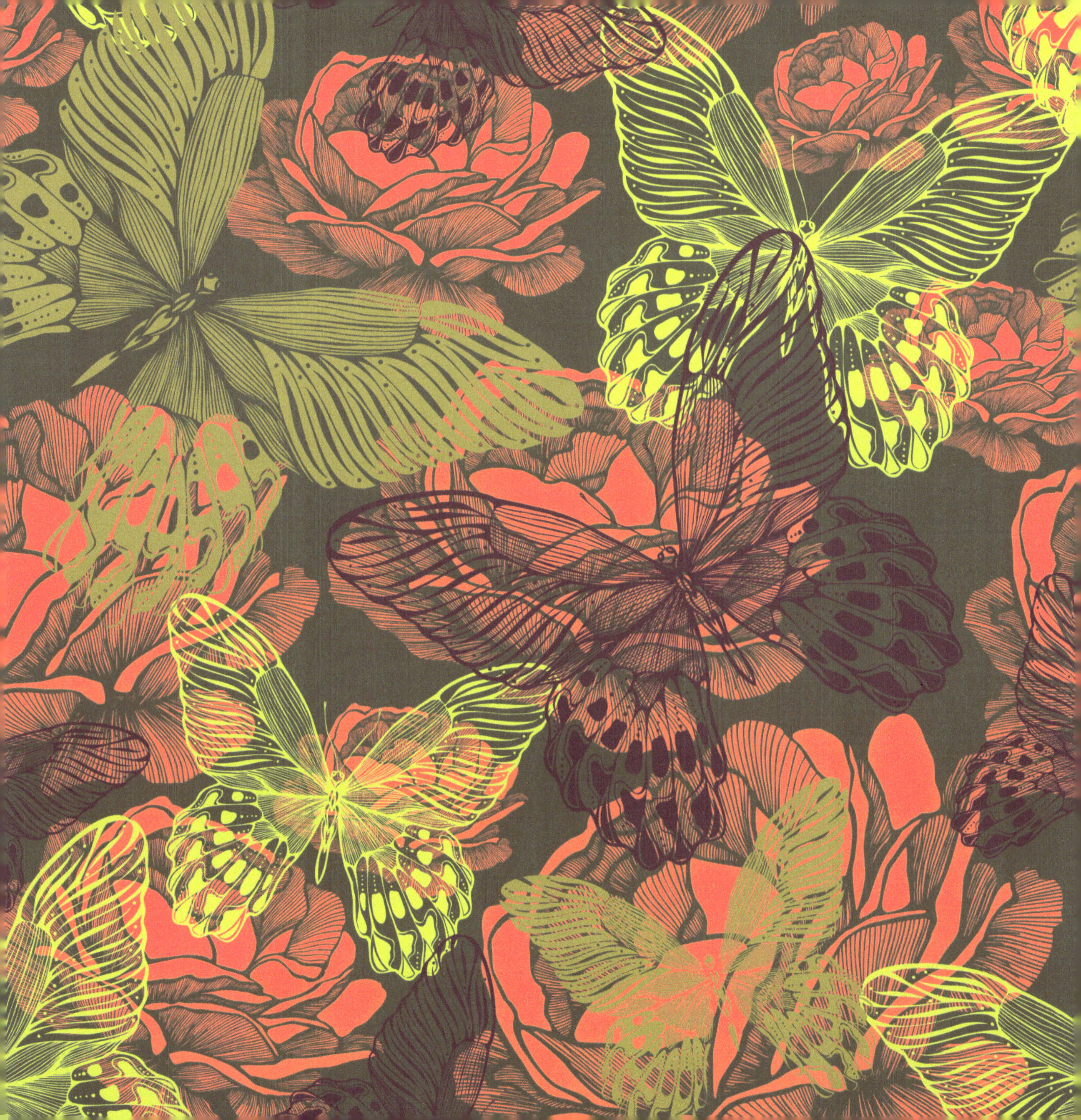

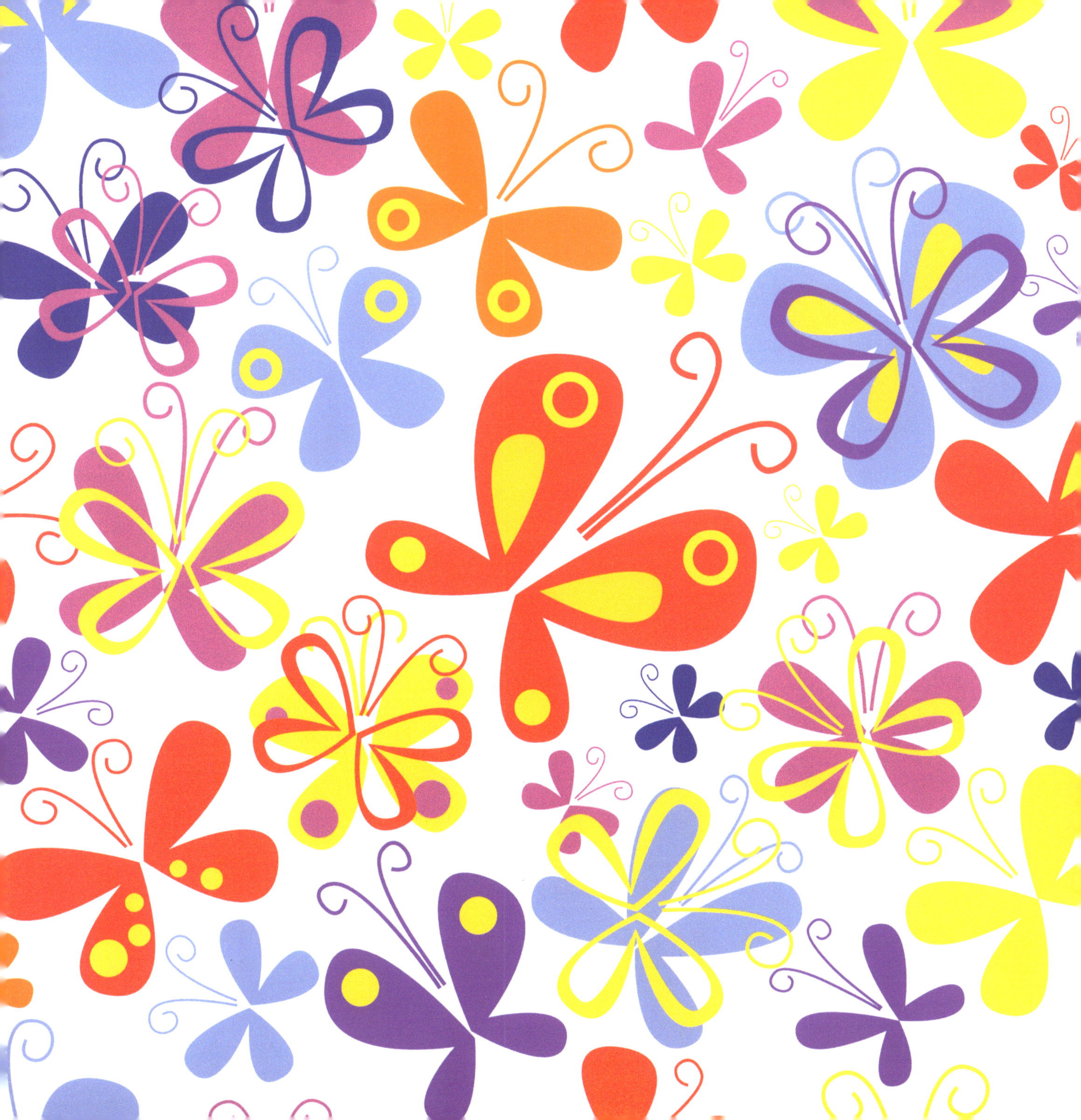

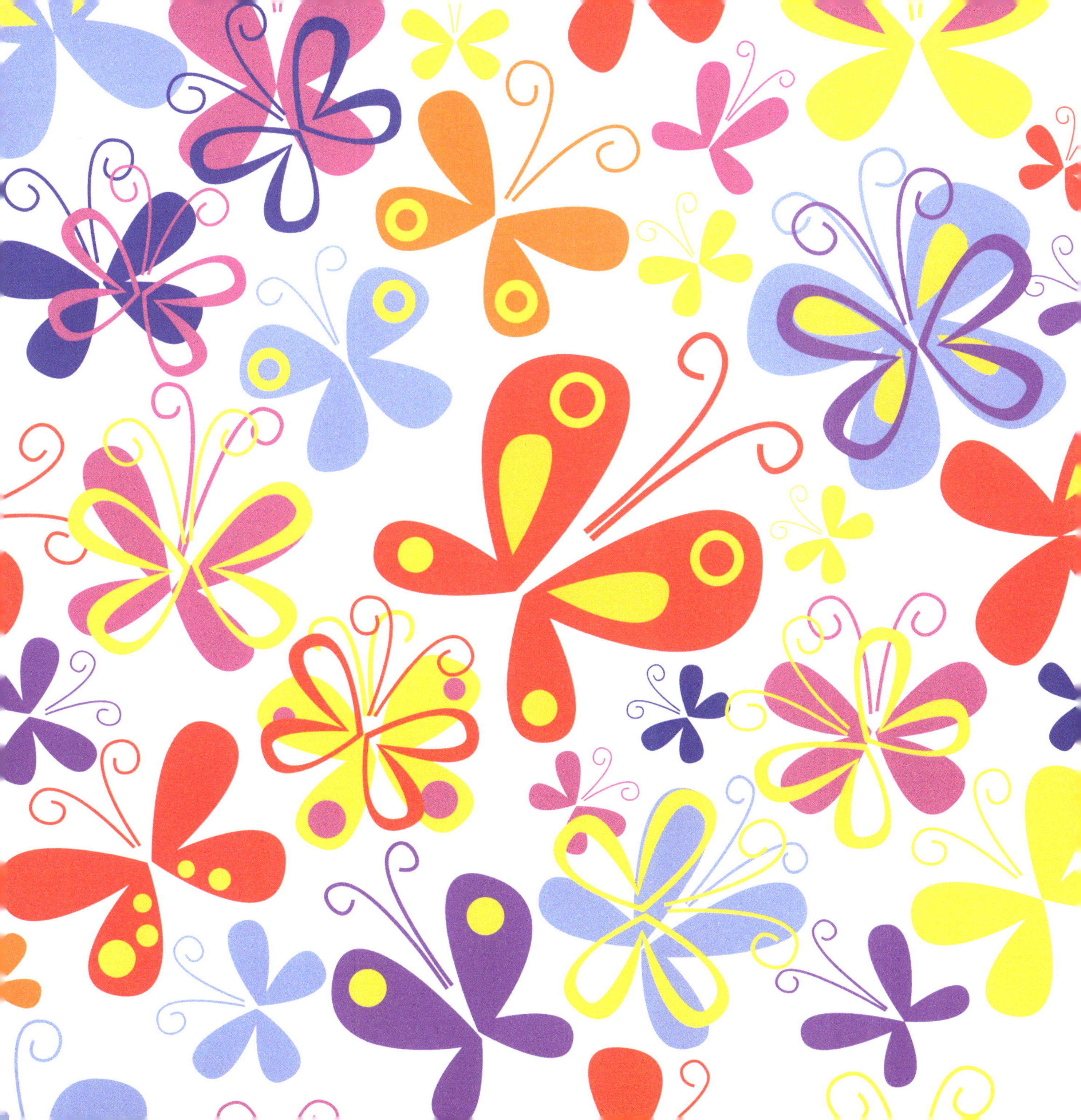

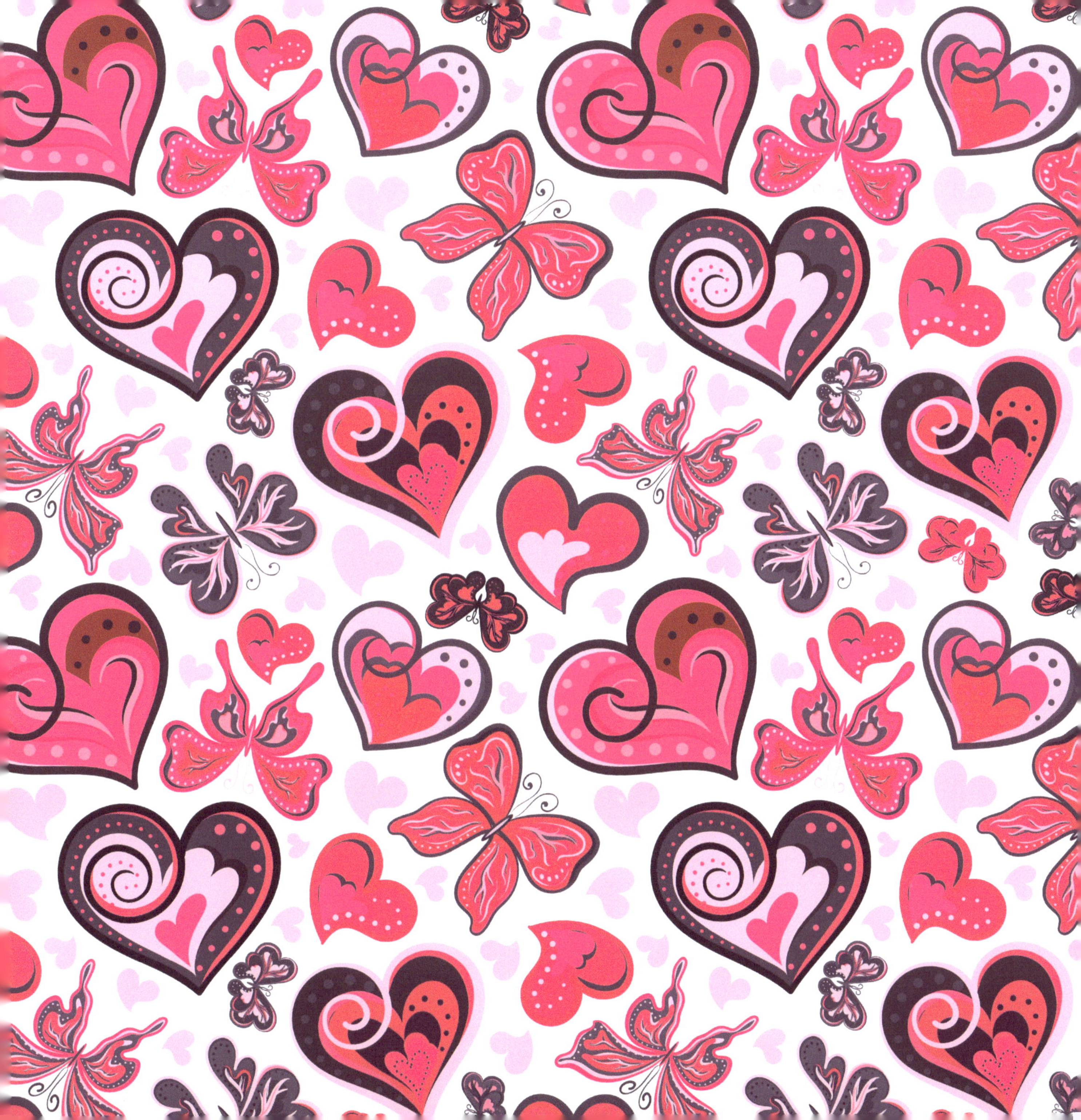

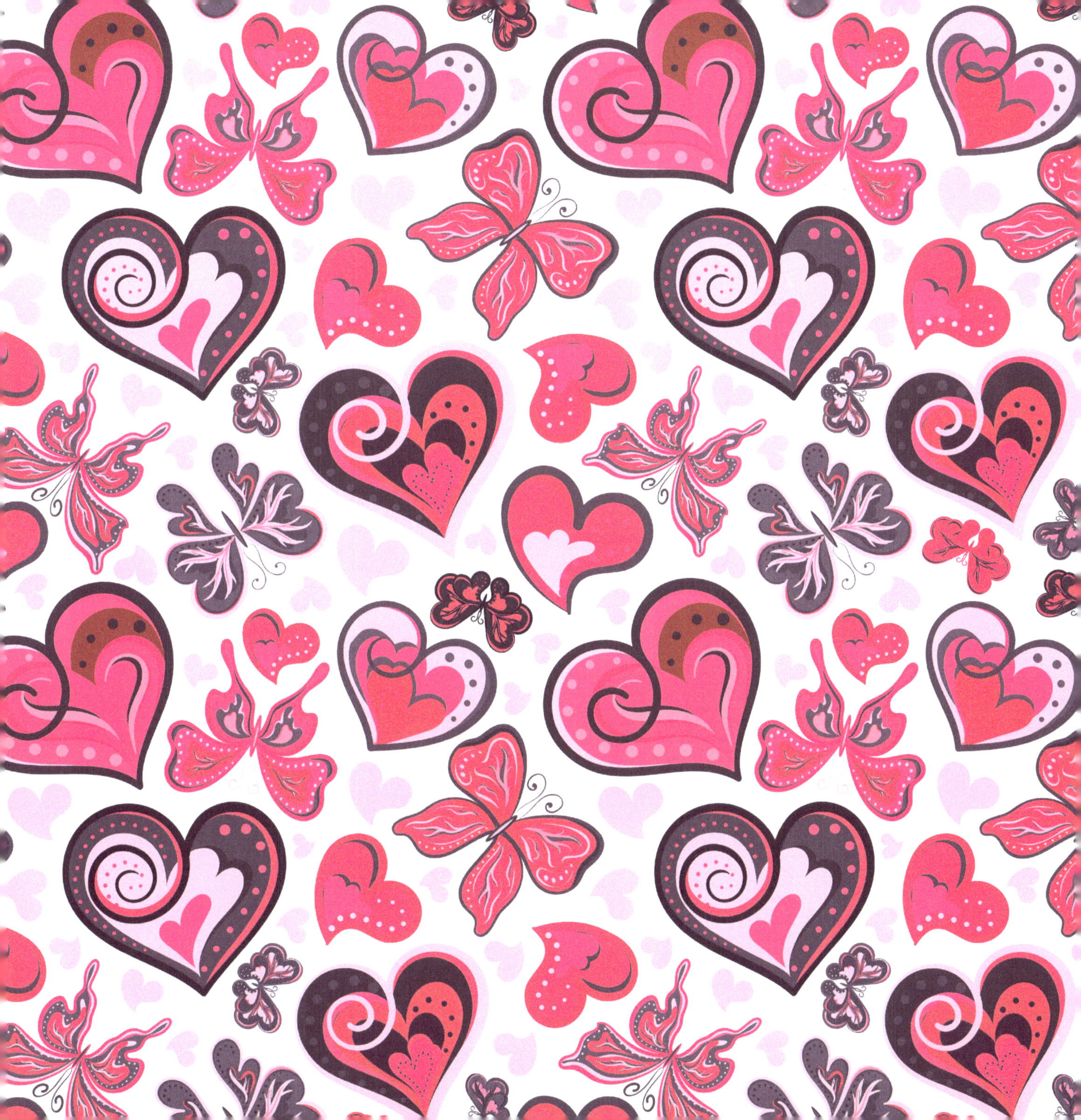

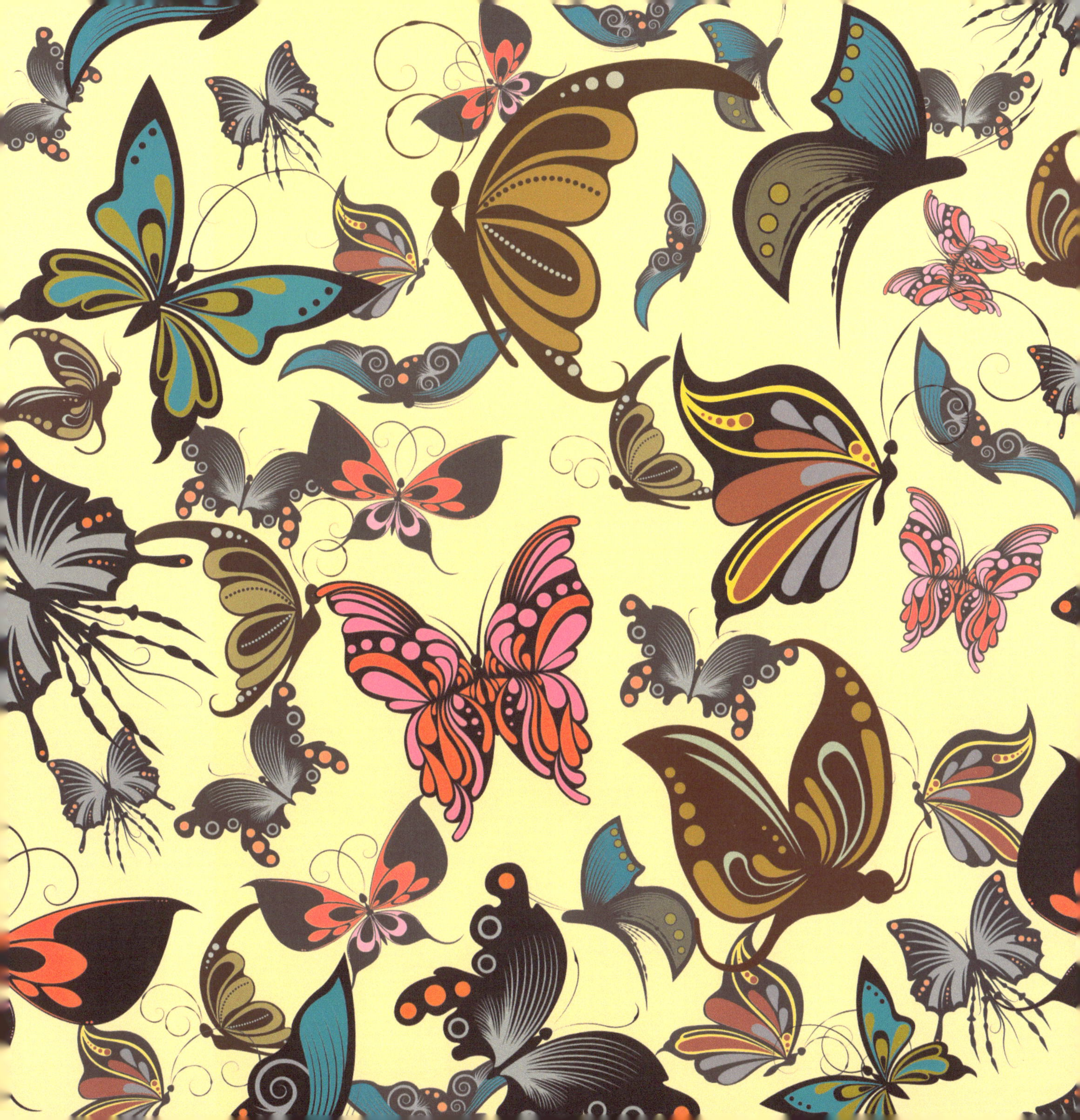

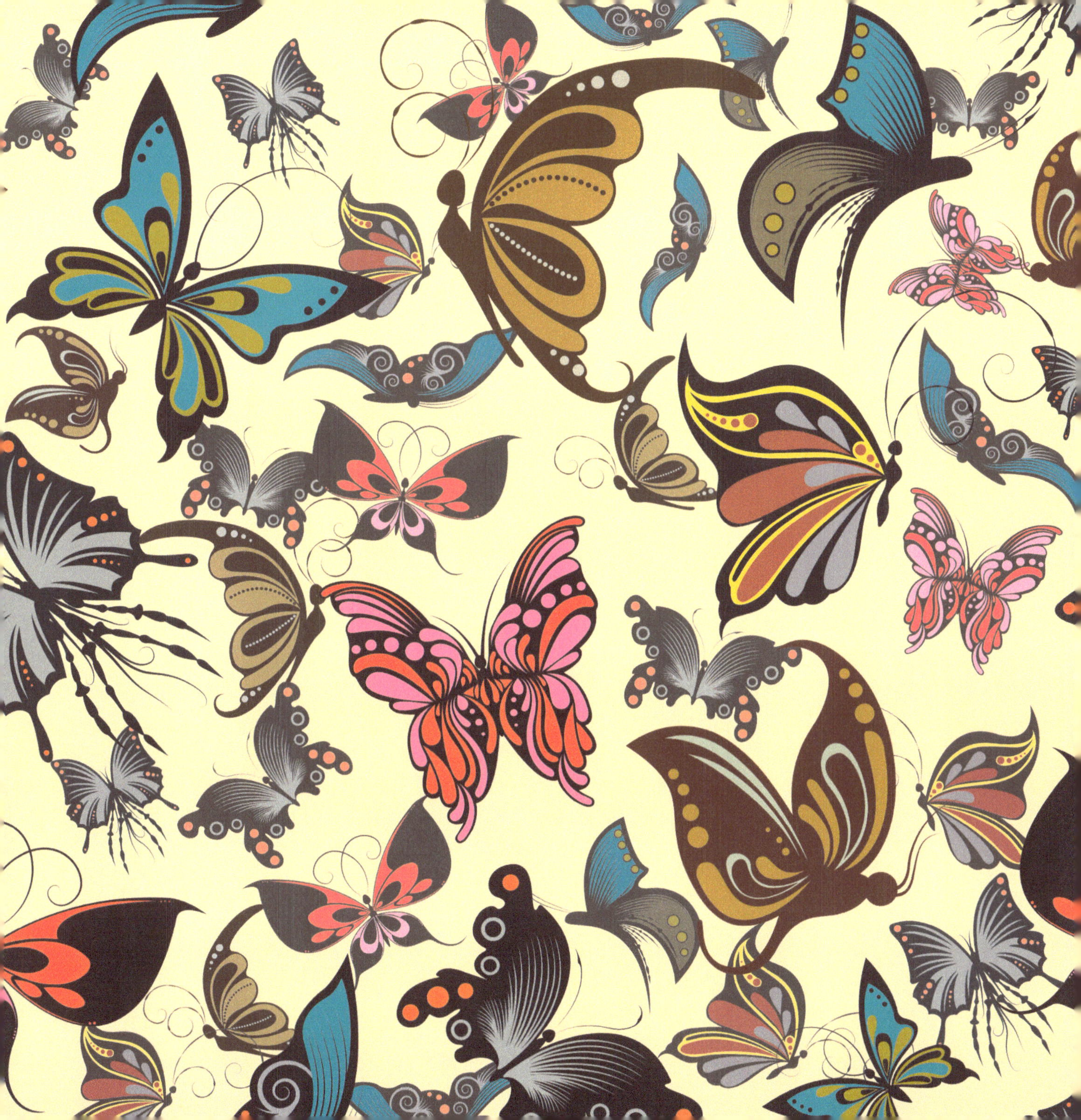

www.ingramcontent.com/pod-product-compliance
Lightning Source LLC
Chambersburg PA
CBHW041101070526
44579CB00003B/34
* 9 7 8 1 9 5 3 9 8 7 2 7 3 *